Sabiduría del Corán: Reflexiones para Sanar el Corazón

1

Jannete Elgohary

Página legal

Titulo original: **Sabiduría del Corán: Reflexiones para Sanar el Corazón**
Diseño de cubierta: Geny Bermúdez.
Edición y corrección de estilo: Martha Leticia Martínez de León.
Anaheim California 2023

INFORMES
janneteelgohary@gmail.com

Traduccción de "elgo academy"

Agradecimiento

Quiero expresar mi más profundo agradecimiento a
Dios Todopoderoso,
por darme la oportunidad de desarrollar cada uno de estos números que
componen esta serie.

Gracias a mi maestra y hermana del alma, Safiyya Kent,
por estar a mi lado y guiarme por el camino de Dios.

A mi maestra de Corán, Sausan Yunus, por su dedicación y paciencia a lo
largo de todos estos años, enseñándome a recitar y amar
el Libro de Dios.

A Shaikh Furhan Zubairi
Shaikh Mohammed Faqih
Shaikh Mustafa Umar
por encender la llama en mi corazón
y despertar en mí el deseo de aprender
el Corán y respetar cada letra.

A mis amigas y hermanas, les agradezco ser una fuente
de inspiración y apoyo constante,
mostrándome el camino recto con su amor y comprensión.
Ustedes saben quienes son, y estoy agradecida por tenerlas en mi vida.

Por último, pero no menos importante,
a mi hermosa familia
mi más sincero agradecimiento
por apoyarme y entender la importancia de este proyecto,
permitiéndome dedicar tiempo a mis sueños.
Le pido a Dios Todopoderoso que los bendiga a todos,
Que acepte nuestros esfuerzos y que sigamos siendo mutuas fuentes de
inspiración en nuestras vidas y en la de quienes nos rodean

Índice temático

Este libro está dedicado a todos mis hermanos y hermanas de viaje en esta jornada de la paz interior…

El Corán es una guía invaluable para interiorizar y entrelazarnos con
nuestras emociones saludable y equilibradamente.

Por medio de sus enseñanzas de Dios, encontrarás respuestas en tiempos difíciles, motivación en momentos de desánimo y templanza en el centro del caos.

Percibirás como Dios nos invita a cultivar la gratitud, la paciencia, la compasión, el perdón y la misericordia, ofreciéndonos un camino práctico para alcanzar una mayor plenitud emocional y espiritual.

¡Prepárate para profundizar en las palabras de nuestro Creador, donde encontrarás sabiduría que transfigurará tu forma de sentir y de vivir!

Reflexiones de:

Yasmin Mogahed

Omar Sulayman

Abu Eesa

Dalia Mogahed

Abdul Nasir Jangda

Sajid

J. Yusef

Ammar Al-Shukry

Abu Bakr Zoud

Mohannad Hakeem

R. Hamdy

A. Siddiqi

Prólogo

Uno de los principales objetivos de la revelación del Corán es que la gente reflexione sobre su mensaje para reconocer, admitir, comprender y aceptar ciertas verdades y realidades sobre el cosmos y la vida.

Dios dice: "ˈEste esˈ un Libro bendito que te hemos revelado ˈOh Profetaˈ para que contemplen sus versos y la gente de razón sea consciente." (38:29)

Basándome en este versículo, sostengo que el objetivo principal de la lectura, la memorización y el estudio del Corán es el *tadabbur* o reflexión profunda. En varios lugares del Corán, Dios invita a las personas a reflexionar profundamente sobre el mensaje de Su discurso divino utilizando diferentes estilos, métodos, lenguaje y técnicas. A veces, la invitación a reflexionar y meditar es directa y otras indirectas. A veces la invitación a reflexionar es explícita y a veces es implícita. Estos diversos estilos, métodos y técnicas se utilizan para mover los corazones y las mentes de las personas, animándolas a pensar profundamente y a obtener consejos, lecciones, recordatorios, moral, orientación y perspicacia.

La hermana Jannete se ha embarcado en un proyecto muy hermoso y beneficioso, diseñado para conectar los corazones de la gente con el Corán y llevarlos a una reflexión más profunda. A mi juicio, esta serie de libros será una herramienta muy útil para que la gente mejore su compromiso con el Corán y logre un crecimiento espiritual real y profundo. Que Dios bendiga este esfuerzo y lo acepte. Que Dios nos permita a todos recitar el Corán, comprender su mensaje, reflexionar sobre él y ponerlo en práctica en nuestra vida cotidiana.

Shaikh Furhan Zubairi

Director del Seminario de la IOK

www.iokseminary.com

Introducción

Entre las complejidades del tiempo, es fácil perderse en el bullicio y el estrés del día a día. Constantemente buscamos la paz interior y la alegría duradera en un mundo invadido de distracciones y pruebas. Sin embargo; en la profundidad de nuestros corazones, anhelamos una conexión más profunda que nos otorgue plenitud y un propósito que nos coloque en un lugar más allá de las preocupaciones de esta vida.

Por ello, en este viaje de la vida en busca de paz interior y de la conexión con Dios, vamos encontrando tranquilidad y sabiduría en cada una de las páginas del *Sagrado Corán*, fuente de orientación espiritual para millones de personas alrededor del mundo. Sus versos transmiten verdades eternas y profundas que nos ayudan a entender nuestros sentimientos, a reflexionar en nuestras experiencias, y a encontrar refugio y protección en el centro de las dificultades de la vida.

Ante esto, Sabiduría del Corán: Reflexiones para Sanar el Corazón es un libro que entretejiendo los versos del Corán nos lleva a reflexionar sobre quiénes somos, a encontrar calma cuando todo parece no tener solución, y crear una conexión cada vez más profunda con Dios.

A través de cada una de estas páginas, nos embarcaremos en un viaje interior, abrazando la belleza de nuestra humidad al cultivar una relación estrecha con Dios.

En cada capítulo, exploraremos diversos temas y sentimientos: el amor, la esperanza, el perdón, la gratitud, la paciencia, la tristeza etc., cada verso elegido del Corán será un faro de luz que iluminará nuestra compresión y emociones, además de recordarnos que somos seres espirituales en busca de un vínculo con Dios Todopoderoso.

Conforme exploremos estos versos sagrados, nos adentraremos en historias inspiradoras y reflexiones personales que nos guiarán para saber cómo a aplicar estas enseñanzas en nuestra vida cotidiana, y descubriremos cómo la fe y la espiritualidad transforman nuestros pensamientos, acciones y relaciones.

Sabiduría del Corán es una puerta para todas las personas que desean equilibrar su mundo material y su mundo espiritual, así como alimentar su alma y encontrar serenidad en medio de la adversidad.

A través de los versos del Corán, de reflexiones y preguntas este libro te será de gran utilidad para navegar por los desafíos de la vida, además de ser un recordatorio constante del amor y la misericordia de Dios que siempre nos rodean.

¡Adéntrate en estas páginas con un corazón abierto y siente ese abrazo espiritual que te transportará a la paz interior y a una conexión más profunda con Dios!

¿Quién es Dios?

Dios es la luz de los cielos y de la tierra y todo lo que existe en ellos. ¡El Sustentador, El Verdadero, El Único digno de ser adorado! ¡Dios es la verdad y ama la verdad: ¡Su promesa es verdad, Su palabra es verdad! El Paraíso es verdad, el infierno es verdad, la hora es verdad y el islam es verdad. Los sucesos no le afectan y no teme los reveses.
Él conoce el peso de las montañas, el volumen de los mares, el número de las gotas de lluvia y el número de las hojas de los árboles. Él conoce nuestros pensamientos más escondidos y nuestras necesidades más cruciales.

Cuando lo obedecemos, nos gratifica y si lo desobedecemos, perdona el pecado de quien se arrepiente con sinceridad. Él atiende al desdichado, remueve la adversidad, sana al enfermo, guía hacia el camino recto y escucha cada súplica. Nadie puede retribuir Sus dones y nadie puede alcanzar Su elogio. No podemos verlo, pero Él nos ve. Él es el Creador y nosotros somos Su creación.

Todo lo que oscurece en la noche y aclara en el día no le es oculto: ni el cielo, ni la tierra, ni el mar, ni la montaña. Él muestra nuestras buenas obras y cubre las malas porque es Misericordioso. Él es Bondadoso en la absolución, Generoso en el perdón. Él extiende las manos con Su Compasión, conoce todas las confidencias y recibe todas las súplicas. Es Grandioso en Su Misericordia y Generoso en Su provisión. ¡Él es nuestro Señor y Amo! Él está más cerca de nosotros que nuestra vena yugular. Él es nuestro Dios, no hay otra divinidad excepto El (Allah)

¡Todas las alabanzas son para Dios! Lo alabamos por habernos creado, por habernos guiado y enseñado. Lo alabamos por la bendición del islam, la bendición del Corán, la bendición de la familia, la provisión y la salud. A Él todas las alabanzas por todo esto y más.

Que nuestras alabanzas se eleven hacia Él, que nuestras vidas sean un testimonio vivo de Su amor y compasión, y que en uno de nuestros pasos y pensamientos no olvidemos que somos Sus siervos y Él nuestro Señor, Amigo Protector y el Creador de nuestras almas que se reunirán con Él y vivirán en la eternidad.

¿Qué es el alma?

Cuando Adán descendió a la Tierra y Dios aceptó su arrepentimiento en Arafat, el Profeta Muhammad *(la paz sea con él)* transmitió que Dios extrajo de la columna vertebral de Adán todas y cada una de las almas que existirían hasta el Día del Juicio, afirmando nuestra conexión con nuestro origen y nacimiento.

Nuestras almas fueron creadas a partir del alma de Adán, existiendo sin cuerpos físicos. Dios llamó a todas las almas, dirigiéndose directamente a ellas, y les preguntó: *¿No soy Yo vuestro Señor?*

Las almas, reconociendo a Dios por su naturaleza *innata (fitra)*, respondieron: *Sí, Al-lah Tú eres nuestro Señor.* Marcando el comienzo de la creación de nuestra alma.

El viaje del alma tiene cinco etapas:

1. Desde su creación hasta antes de su entrada en el feto en presencia de Dios.
2. Cuando el alma es insuflada en el feto, combinándose con el cuerpo como uno solo.
3. Cuando el alma se separa temporalmente del cuerpo durante el sueño, experimentando una separación temporal.
4. La vida en la tumba.
5. La vida eterna, regresando finalmente a Dios.

Recuerda que comprender estas etapas, nos conduce hacia la naturaleza profunda de nuestra existencia y de la migración que emprenden nuestras almas al salir de Dios, para pasar por etapas que nos devolverán a Él.

Ahora que profundizamos en nuestro origen en Dios y la función del alma, entenderemos y fortaleceremos nuestra unión dándole un profundo sentido de propósito, guía espiritual y paz interior a nuestros corazones.

No olvides que esta conexión nos permitirá nutrir nuestra relación y fortalecer nuestra vida por medio de la armonía, pero sobre todo a través de la Voluntad de Dios.

¡Prepárate, es momento de comenzar un fascinante viaje de autodescubrimiento a través de las palabras que Dios nos ha revelado!

I

"¿Cómo puedo alcanzar esa conversación especial que anhela mi alma?"

Existe una conversación muy especial que conecta nuestra alma con el Creador, al recitar el primer capítulo del Corán.

El inicio

1. En el nombre de Dios, el Compasivo con toda la creación, el Misericordioso con los creyentes.

2. Todas las alabanzas son para Dios, Señor de todo cuanto existe,

3. el Compasivo, el Misericordioso.

4. Soberano absoluto del Día del Juicio Final,

5. solo a Ti te adoramos y solo de Ti imploramos ayuda.

6. ¡Guíanos por el camino recto!

7. El camino de los que has colmado con Tus favores, no el de los que cayeron en Tu ira, ni el de los que se extraviaron.

En un **Hadith *Qudsi*** Dios Todopoderoso dijo:

He dividido la oración entre Mi siervo y Yo en dos mitades, y Mi siervo tendrá lo que ha pedido. Cuando el siervo diga: 'Todas las alabanzas son para Dios, el Señor de cuanto existe', Dios dirá: Mi siervo Me ha alabado. Cuando diga: *'El Compasivo, el Misericordioso'*, Dios dice: Mi siervo Me ha exaltado. Cuando dice: 'Soberano absoluto del Día del Juicio Final', Dios dice: Mi siervo Me ha glorificado y Mi siervo se ha sometido a Mí. Cuando dice: 'Sólo a Ti adoramos, sólo a Ti pedimos ayuda', Dios dice: Esto es entre Mi siervo y Yo, y Mi siervo tendrá lo que ha pedido. Cuando diga: 'Guíanos por el camino recto, el camino de aquellos a quienes has favorecido, no el de los que se extraviaron', Dios dice: Esto es para Mi siervo, y Mi siervo tendrá lo que ha pedido".

REFLEXIÓN

Este mensaje tan espiritual nos invita a comprender la profunda relación existente entre el Creador y Su creación a través de la oración.

En estas palabras, percibimos una maravillosa promesa que nos hace sentir y saber que nuestras súplicas a Dios son escuchadas y respondidas.

Cada frase pronunciada en sura *Al Fatiha- El Inicio*, es reconocida por Dios Todopoderoso, quien muestra su aprecio por la alabanza, la exaltación y la glorificación que se le ofrece. Es un recordatorio de que nuestras palabras de gratitud, reconocimiento y reverencia a Dios no pasan desapercibidas. Aunado a ello, el mensaje nos enseña que la oración al ser un acto íntimo y espiritual, se devela una comunicación directa entre el creyente y el Creador.

Es un momento sagrado en cual nos acercamos a Dios y compartimos nuestras necesidades, deseos y esperanzas más profundas, además en esa conversación especial, Dios Todopoderoso promete atender nuestras peticiones y darnos lo que le hemos pedido.

Por ello, debemos valorar y percibir la oración como un medio para fortalecer nuestra conexión con Dios Todopoderoso.
Al pronunciarla, comprendemos que no estamos solos en esta jornada de la vida, porque hay un Ser Supremo, Amoroso y Generoso dispuesto a escucharnos, guiarnos y darnos lo que le pedimos.

Además, nos insta a reflexionar sobre la humildad y la sumisión ante Dios, al reconocer que Él es el Dueño del Dia del Juicio, por lo que debemos someternos a Su voluntad,

Él nos eleva y nos conduce a un camino de paz y confianza en medio de pruebas y dificultades de la vida. Esta reflexión nos anima a mantener una relación profunda y constante con Dios a través de la oración, estando conscientes de que Él está presente, nos ve, nos escucha y responde a nuestras necesidades más profundas.

Es un recordatorio de que la espiritualidad y la conexión con Dios son elementos esenciales para encontrar significado, propósito y guía en nuestra vida.

Preguntas de autorreflexión

♥   ¿Qué significa reconocer y alabar a Dios en nuestras oraciones? Reflexiona sobre cómo la práctica de la exaltación y la alabanza pueden fortalecer tu corazón y como pueden influir en la actitud y perspectiva en la vida cotidiana.

♥   Reflexiona, sobre cómo la certeza de que Dios está atento a nuestras necesidades y súplicas nos brinda consuelo, motivación y una mayor conexión con Él.

♥ ¿Qué papel juega la sumisión y la humildad en nuestra relación con Dios? Realiza una reflexión sobre cómo la aceptación del poder de Dios y la voluntad de someternos a Él, influye en nuestra paz interior y en la capacidad de enfrentar dificultades al buscar vivir con un propósito más alto en la vida.

II

¿Cómo puedo encontrar la paz en mi corazón?

Dios dice:

"Los corazones de los creyentes se sosiegan con el recuerdo de Dios. ¿Acaso no es con el recuerdo de Dios que se sosiegan los corazones?"

Corán, 13:28

REFLEXIÓN

El mundo en el cual vivimos nos enseña a negar nuestras emociones. Parece decirnos a cada instante que sentir es ser débil, pero al aceptarlo negamos nuestra naturaleza como una creación de Dios, y al mismo tiempo negamos el único medio para llegar a Él.

¿Cómo llegar a Dios sin amor, miedo, pesar, esperanza? ¿Cómo encontrarnos con Dios sin el corazón? Como cualquier otra creación de Dios, nuestras emociones, deseos y necesidades están en nosotros para servirnos de ellos, pero nunca debemos dejar que nos utilicen, ni que nos controlen.

Es decir, puedes culpar eternamente a las personas y a las situaciones que te han hecho daño, o recuperar tu poder y mirar a través de tiempo de los protagonistas y ver al director.

Cada aspecto de nuestra vida tiene un propósito por designio divino. Incluso esas partes que odias, esas que intentas ocultar al mundo y a ti mismo, es decir, las partes que duelen y nos llevan a las lágrimas, como; la traición, el divorcio o la pérdida de alguien o algo amado.

No olvides que el propósito de crecer espiritualmente es fortalecernos, para no permitir que nada ni nadie nos encoja, encadene, o nos posee. Cuando dejamos de escuchar el ruido de lo que los demás dicen o piensan nosotros, cuando dejamos de machacarnos mentalmente, dejamos de permitir maltratos, faltas de respeto, y que nos utilicen a conveniencia, pero dentro de todos sólo encontraremos paz cuando eliminemos lo que ha ocupado el lugar de Dios en nuestro corazón. Sólo entonces podremos volver a amar de verdad. De un modo sano.

Muchas personas creen que endureciendo su corazón resolverán el problema del desamor, sin embargo; un corazón endurecido está muy alejado de Dios, es decir, si endurecemos nuestro corazón, más que protegernos nos matamos.

Un corazón vivo es blando, frágil, vulnerable y quebradizo, por eso se nos enseña a rodearlo de protección, por el ello, el *Dhikr* (recuerdo de Dios) protege nuestro corazón, pero sin endurecerlo. Entonces, cuanto más le recordamos, más protección construimos y nos volvemos más compasivos.

Menciona Yasmin Mogahed *que la naturaleza de este mundo es una cadena de momentos llenos de paz y de dolor. Pero todos son Fugaces,* mientras que el recuerdo de Dios nos lleva a una paz interior eterna bajo el amor verdadero de Al-lah. Al abrazar nuestras emociones encontraremos un propósito de vida y reconectaremos nuestro corazón viviendo en el presente de Dios y no en el pasado ni en el futuro.

Es importante aceptar nuestras emociones, reconocerlas y utilizarlas como guía en nuestro camino hacia Dios, de esta forma nos alineamos con nuestra naturaleza y nos acercamos a la plenitud de la vida que Dios ha decretado para cada uno de nosotros. Por medio del recuerdo de Dios (*dhikr*) purificamos y protegemos nuestros corazones, nos fortalecemos y nos hacemos conscientes de la existencia de un poder más alto que está en control de todas las cosas por medio de ese recuerdo constante.

Dios sosiegue nuestros corazones.

Preguntas de autorreflexión

♥	¿Cuántas veces has negado tus emociones debido a las expectativas de los demás que consideran tu sentir como una debilidad?

♥ ¿Cómo puedes conectarte de manera más profunda con Dios al abrazar tus emociones y permitir que guíen tu camino?

♥   ¿Qué capas de protección has construido alrededor de tu corazón, y cómo puedes ablandarlas para encontrar paz y sosiego en tu alma por medio del recuerdo de Dios (*dhikr*)?

III

¿Quiénes son los verdaderos triunfadores en el mundo?

Dios dice:

"Los que creen en lo oculto, practican la oración, dan caridad de lo que les he provisto, y creen en lo que te ha sido revelado [¡Oh, Muhámmad!] y en lo que fue revelado [originalmente a los profetas anteriores], y tienen certeza de la existencia de la otra vida. Ésos son los que están en la guía de su Señor y serán los que tendrán éxito".

Corán 2:3-5

REFLEXIÓN

"Es asombroso darse cuenta de que por cada realidad física que vemos, hay una realidad espiritual, que no percibimos, lo cual nos lleva a fracasar, porque *si sólo reconocemos las realidades físicas, fracasaremos si no miramos a través de la ilusión de lo que podemos "ver" con nuestros ojos* (Corán 2:3-5). Por ejemplo, si el cuerpo de alguien enferma o muere, nos lamentamos, pero no sentimos tristeza por los cuerpos que caminan con el corazón enfermo o muerto.

Si vemos a alguien con los ojos cegados, nos compadecemos de él y lo calificamos de *minusválido*. Pero ¿qué pasa con aquellos cuyos ojos pueden ver, pero cuyos corazones están ciegos? Luchamos duro para alimentar a los cuerpos hambrientos... como deberíamos. ¿Pero quién lucha para alimentar a las almas hambrientas? Hacemos la guerra a la pobreza física—como deberíamos, Pero ¿quién hace la guerra contra el empobrecimiento espiritual y moral que corroe nuestra comunidad? Luchamos duro contra la opresión física -como deberíamos, pero seguimos oprimiéndonos a nosotros mismos por nuestros pecados y nuestra alienación de Dios. Miramos a los cautivos y pensamos que eso es encarcelamiento, y miramos a la gente que vive para sus deseos, y pensamos que eso es Libertad, sin reconocer No reconocemos que la verdadera libertad y la cautividad están en el interior. Cuando leemos el Corán, comprendemos que en el más allá estas *realidades espirituales* adoptan una forma física, es decir, quienes estaban espiritualmente ciegos en esta vida, se vuelven físicamente ciegos en la otra (20:125-126). Aquellos cuyos corazones estaban apartados de Dios en esta vida, se apartarán físicamente de Dios en la otra (83:15). Los que estaban encadenados por su ego y sus deseos en esta vida, se encadenan físicamente en la otra (69:32). Los que estaban espiritualmente al frente y más cerca de Dios en esta vida, pasan a estar físicamente al frente y más cerca de Dios en la otra (56:10-11). Los que tenían luz espiritual en esta vida, tendrán luz física en la otra (57:12)."

Yasmin Mogahed

Esta reflexión nos invita a considerar la importancia de cultivar una conexión espiritual profunda y una fe sólida. Creer en lo oculto implica tener una convicción firme en la existencia de lo trascendente y en la presencia de Dios en nuestras vidas.

Hacer la oración y dar la caridad nos ayuda a mantener esa conexión viva, a expresar nuestro amor y gratitud hacia Dios y hacia las personas a nuestro alrededor. Asimismo, creer en lo que ha sido revelado y tener certeza de la existencia en la otra vida nos brinda una visión más amplia de nuestra existencia, ayudándonos a comprender que nuestras acciones en este mundo tienen consecuencias en el más allá, motivándonos a vivir de acuerdo con principios morales éticos elevados.

Esta reflexión nos invita a buscar la guía de Dios en nuestras vidas y a reconocer que el verdadero éxito no se limita a los logros materiales, sino que se encuentra en las contribuciones, en nuestra conexión con Dios y en vivir en armonía con los principios espirituales y morales que nos han sido revelados.

Preguntas de autorreflexión

♥ ¿Cómo puedo fortalecer mi fe en lo incierto y mi vida cotidiana en la existencia de lo trascendente para llegar al verdadero éxito?

♥   ¿Cómo realizar la oración y dar caridad de manera que sea una forma de expresar mi gratitud hacia Dios?

♥	¿Cómo cultivar una certeza más profunda en la existencia de la otra vida y cómo esta creencia influye en mis acciones y decisiones actuales?

IV

¿Cómo dejo de preocuparme por la provisión?

Dios dice:

"Él hizo para vosotros de la Tierra un lugar habitable y del cielo un techo, e hizo descender la lluvia del cielo con la que hace brotar frutos para vuestro sustento. En consecuencia, no dediquéis actos de adoración a otros además de Dios, ahora que sabéis [que Él es el único Creador]"

Corán 2:22

REFLEXIÓN

Este verso nos indica la maravillosa creación de Dios, donde Él ha dado forma a la Tierra como un lugar habitable para la humanidad. En su infinito conocimiento, ha establecido un equilibrio perfecto en la naturaleza, proporcionando todo lo necesario para nuestra existencia y bienestar. La Tierra, con tantas cosas hermosas como paisajes, recursos naturales y ecosistemas, nos provee un hogar donde podemos vivir, prosperar y disfrutar de Sus bendiciones.

Del mismo modo, Dios ha hecho del cielo un techo protector que nos cubre, nos provee de aire y nos muestra la grandiosidad de Su creación. Además, la lluvia que desciende del cielo es un regalo de Dios que fertiliza la tierra, permitiendo que broten los frutos deliciosos que nos alimentan. Esta conexión entre el cielo, la lluvia y la fertilidad de la tierra nos devela la intervención continua de Dios en nuestra vida diaria, cuidando de nuestras necesidades y nutriéndonos.

La reflexión clave en este verso es el llamado a no dedicar actos de adoración a otros seres o entidades aparte de Dios. Al reconocer que Dios es el único Creador y Sustentador de todas las cosas y el Único digno de ser adorado, nos invita a depender y tener una confianza absoluta en Él. Esto implica reconocer Su omnipotencia, sabiduría y generosidad en la creación y tener una profunda gratitud hacia Él por todas las bendiciones que nos da.

Cuando estamos agradecidos, Dios nos incrementa como lo dice en el sura 14:7 *Si Le agradecéis, Él incrementará vuestro sustento.*

Si te encuentras en un buen momento de tu vida, recuerda ser agradecido. Nada conserva o aumenta las bendiciones, ni elimina el arrepentimiento futuro, como la gratitud: eso está en tus manos. Agradece a pesar de que, en muchas ocasiones, tendrás facilidad y lucha al mismo tiempo.

Puede que no tengas trabajo, pero tienes una familia que te quiere. Tu trabajo puede ser estresante, pero tienes un techo gracias a él. Puede que tu familia te lo haga pasar mal, pero tus amigos te apoyan. Gran parte de la vida es así. Busca el bien para que te consuele en tu lucha, y reconoce que incluso eso es un regalo de Allah para ayudarte a superar tu dificultad. Estos momentos pasarán. Llévate lo bueno contigo mientras avanzas, y aprende de la dificultad, porque aquí nada es casualidad.

J. Yousef

Cuando confías en la provisión de Dios, te liberas del estrés y de la ansiedad excesiva. Aunque es importante esforzarte y tomar medidas prácticas en tu vida, también es fundamental reconocer que Dios es quien controla el resultado de las cosas. Mantén una actitud de apertura y flexibilidad, confiando en que Dios te proveerá y te dará lo que es mejor para ti.

Al mismo tiempo recuerda que la confianza en la provisión de Dios no significa esperar pasivamente a que todo caiga del cielo, sino combinar tus esfuerzos y acciones donde si tienes una fe firme en que Dios guiará tus pasos, Él te proporcionará lo que necesitas en el momento adecuado. Mantén una actitud de gratitud y entrega, sabiendo que Dios siempre te proveerá.

Preguntas de autorreflexión

♥ Menciona algunas de las bendiciones y provisiones especificas en tu vida por las que te sientes agradecido en este momento.

♥   Reflexiona sobre cómo reconocer que todas las bendiciones provienen de Dios afecta tu perspectiva y actitud hacia tu vida diaria, y ¿de qué manera esto te inspira a ser agradecido y a utilizar estas bendiciones de manera generosa y responsable?

♥   Si te aseguras de dirigir tu adoración solamente a Dios. ¿Cómo cultivar una relación más profunda y significativa con Él puede influir en tu vida y en tu capacidad para encontrar paz, propósito y conexión con el mundo que te rodea?

V

¿Dónde buscar ayuda en tiempos difíciles?

Dios dice:

"¡Oh, creyentes! Buscad ayuda en la paciencia y la oración; que Dios está con los pacientes".

Corán 2:153

REFLEXIÓN

"La vida no debe ser miserable. No tiene que ser insoportablemente dolorosa. No tiene por qué asfixiarte ni Gagotarte. ¿Hay partes de la vida que te harán sentir así? Sí. Por supuesto que sí. Pero, ¿por qué? Debemos preguntarnos por qué. ¿Por qué pasamos por estas cosas? ¿Es para quedarnos quietos y soportarlo estoicamente? ¿Es para aguantar pasivamente y llamarlo *sabr* o paciencia?

Por supuesto que no.

De hecho, pasamos por la miseria, el dolor y la asfixia por la razón al querer comprender todo. Por ello, para empujarnos hacia el *cambio*, movimiento. Crecimiento, el islam nos enseña que *Sabr* no es quedarse quieto, no es ser pasivo, sino que *Sabr* es la resistencia para realizar el cambio necesario para *movernos*, para dar un paso más cerca de donde Dios quiere que estemos.

Dios creó el dolor, tanto en el mundo físico como en el espiritual, como una llamada de atención, como motivador y acelerador hacia la acción, el movimiento y el cambio para aliviar el dolor.

Cuando una persona tiene una infección, siente fiebre. Cuando el corazón de una persona está obstruido, experimenta dolor en el pecho, o infarto. Una persona puede ignorar la fiebre o el dolor de pecho y llamarlo *paciencia o sabr*. Pero si este dolor se ignora y sólo se adormece el tiempo suficiente, la enfermedad no hace más que aumentar. Hasta que realmente nos mata. El dolor es una advertencia. Una alarma de humo para el alma dormida.

Si físicamente te sientes asfixiado, probablemente es porque no recibes suficiente oxígeno, funciona igual espiritual y emocionalmente.

Sé lo bastante valiente para profundizar, para ser sincero, y para emprender la acción y el cambio necesarios para salvar tu vida.

Pero ten cuidado. Nunca emprendas esta acción solo. Busca fuerza y guía en Dios. De esta manera **nunca** te ahogarás ni te perderás."

Yasmin Mogahed

Después de que Dios ordenara que se Le agradeciera, ordenó la paciencia y la oración. Es un hecho que todos disfrutamos de generosidades que debemos agradecer, o sufrimos calamidades que debemos afrontar con paciencia.

El Profeta Mohammed dijo:

¡Asombroso es el creyente, pues todo lo que Dios decreta para él, es mejor para él! Si se le pone a prueba con una bendición, la agradece y esto es mejor para él; y si se le aflige con una penuria, la afronta con paciencia y esto es mejor para él.

Dios ha afirmado que las mejores herramientas para ayudar a aliviar los efectos de las aflicciones son la paciencia y la oración.

En conclusión, la vida no está destinada para estar llena de dolor insoportable y ser miserables. Aunque todos enfrentamos a lo largo de nuestra vida momentos difíciles, debemos comprender que esos desafíos no existen para aguantarlos pasivamente, sino que están diseñados, para impulsarnos hacia el cambio, el movimiento y el crecimiento.

No debes olvidar que *Paciencia* no significa que hay que quedarse inmóvil, sino resistir y perseverar en el cambio necesario para acercarnos a donde Dios quiere que estemos.

Debemos tener el coraje de profundizar y ser sinceros con nosotros mismos, enfrentar nuestra realidad y emprender las acciones necesarias para transformar nuestras vidas. Sin embargo, es crucial recordar que nunca debemos emprender este camino solos, sino buscar fuerza y guía en Dios, sólo bajo nuestra confianza en Él y tomando sus palabras como fuente de apoyo inquebrantable, podremos hacer de estas las circunstancias recursos y fortalezas de las personas que nos ha puesto en el camino.

Recordemos que Dios nos ha ordenado expresar gratitud, ser pacientes y acercarnos a Él por medio de la oración. Al comprender y aplicar estas enseñanzas, podemos encontrar alivio y consuelo en momentos de dificultad y crecer hacia una vida plena y significativa.

Preguntas de autorreflexión

♥ ¿Cómo puedes interpretar el propósito del dolor y las dificultades en la vida? ¿Crees que el dolor pueda ser una señal para impulsarnos hacia el camino del crecimiento y el cambio?

♥   ¿Cuál es tu perspectiva sobre la relación entre la paciencia y el cambio necesario para superar el sufrimiento? ¿Cómo puedes aplicar la paciencia como una resistencia activa para moverte hacia donde Dios quiere que estés?

♥ ¿De qué manera buscas fuerza y guía en Dios cuando te enfrentas a momentos de dolor y dificultad? ¿Cómo crees que la combinación de paciencia y oración puede ayudarte a superar las pruebas de la vida?

VI

¿Cómo afrontar y superar el dolor?

Dios dice:

"Y [menciona, ¡Oh, Muhámmad!] cuando tu Señor les dijo a los ángeles: "He de establecer en la Tierra a quien la herede", dijeron: "¿Pondrás en ella a quien la corrompa [devastándola] y derrame sangre, siendo que nosotros Te glorificamos y santificamos?" Dijo: "Yo sé lo que vosotros ignoráis".

Corán 2:30

REFLEXIÓN

Aprende a ver, reconocer y asimilar las bendiciones que te rodean, y te convertirás en la persona más bendecida. Cuando yo era pequeña, creía que el mundo era un lugar perfecto. El único problema era que no era así. Solía creer que todo debía ser siempre *justo*. Para mí, eso significaba que nunca se debía hacer daño a nadie, y si se hacía, tenía que haber justicia. Luché mucho por la forma en que creía que debían ser las cosas. Pero en mi lucha, pasé por alto una verdad fundamental sobre esta vida. En mi idealismo infantil, no comprendí que este mundo es inherentemente imperfecto. Nosotros, como humanos, somos inherentemente imperfectos. Así que siempre nos equivocaremos. Y en esos errores inevitablemente haremos daño, a sabiendas y sin saberlo, intencionadamente y sin querer. El mundo no siempre será justo.

¿Significa eso que dejamos de luchar contra la injusticia, o que renunciamos a la Verdad? Por supuesto que no. Pero significa que no debemos retener a este mundo -y a los demás- a un nivel poco realista. Pero no siempre es fácil. ¿Cómo podemos vivir en un mundo tan imperfecto, en el que la gente nos defrauda e incluso nuestra propia familia puede rompernos el corazón? Y quizás, lo más difícil de todo, ¿cómo aprendemos a perdonar cuando nos han hecho daño? ¿Cómo nos hacemos fuertes, sin ser duros, y nos mantenemos blandos, sin ser débiles? ¿Cuándo debemos aferramos y cuándo soltar? ¿Cuándo tenemos que preocuparnos demasiado y cuánto es demasiado? Y ¿cómo saber si amamos más de lo que deberíamos?

Para empezar a respondernos, primero debemos dar un paso fuera de nuestras propias vidas. Tenemos que examinar si somos los primeros o los últimos en sentir dolor o ser agraviados.

Tenemos que mirar a quienes nos precedieron, estudiar sus luchas y sus triunfos. Y tenemos que reconocer que el crecimiento nunca se produce sin dolor, y que el éxito sólo es producto de la lucha.

Esa lucha casi siempre incluye soportar y superar los daños infligidos por otros.

Recordar los brillantes ejemplos de nuestros profetas nos recordará que nuestro dolor no es aislado. Recuerda que el Profeta *Nuh* fue maltratado por su pueblo durante 950 años. El Corán nos dice: *Antes que ellos, el Pueblo de Noé rechazó (a su apóstol): rechazaron a Nuestro siervo y dijeron: '¡Aquí hay un poseso!', y fue expulsado.* (**Corán, 54:9**) A Nuh lo maltrataron tanto que al final *invocó a su Señor: '¡Soy un vencido: ayúdame Tú!* (**Corán, 54:10**).

O podemos recordar cómo al Profeta ﷺ le lanzaron piedras hasta que sangró, cómo golpearon y mataron de hambre a sus compañeros. Todo este daño fue a manos de otros. Incluso los ángeles comprendieron este aspecto de la naturaleza humana, antes incluso de que nosotros existiéramos.

Cuando Al-lah dijo a los ángeles que crearía a la humanidad, su primera pregunta fue sobre este potencial dañino de los humanos. Dios nos dice "He aquí que tu Señor dijo a los ángeles: *Voy a crear un virrey (la humanidad) en la tierra. Dijeron: ¿Pondrás en ella a alguien que hará maldades en ella y derramará sangre? Dios respondió: Yo sé lo que vosotros no sabéis* (**Corán, 2:30**)

Este potencial de la humanidad para cometer crímenes horribles unos contra otros es una triste realidad. Y sin embargo; muchos de nosotros somos muy afortunados. La mayoría de nosotros no hemos tenido que enfrentarnos al tipo de calamidades que otros han soportado a lo largo del tiempo. La mayoría de nosotros nunca tendremos que ver cómo torturan o matan a nuestras familias. No existe una persona que pueda decir que nunca le han hecho daño. Así que, aunque, gracias a Dios, la mayoría de nosotros nunca conoceremos la sensación de morir de hambre o de permanecer impotentes mientras destruyen nuestros hogares, la mayoría sabremos lo que significa llorar por un corazón herido.

¿Es posible evitarlo? Hasta cierto punto. Nunca podremos evitar todo el dolor, pero si ajustamos nuestras expectativas, nuestra respuesta y enfoque, podremos evitar gran parte de la devastación. Por ejemplo, depositar toda nuestra confianza y esperanza en otra persona es poco realista y una tontería. Debemos recordar que los seres humanos son falibles y, por tanto, nuestra confianza y esperanza últimas sólo deben depositarse en Dios. Dice Al-lah, *...quien rechaza el mal y cree en Dios se ha asido al asidero más fiable que nunca se rompe. Y Dios es Oyente y Conocedor de todas las cosas.* **(Corán, 2: 256)** Saber que Dios es el único asidero que nunca se rompe nos evitará muchas decepciones innecesarias.

Esto no significa que no debamos amar o amar menos. Lo importante es cómo amamos. Nada debe ser nuestro objeto último de amor, salvo Dios. Nada debe anteponerse a Dios en nuestros corazones. Y nunca debemos amar algo, al margen de Dios, de tal modo que nos resulte imposible seguir viviendo sin ello. Este tipo de *amor* no es amor, sino adoración, y sólo causa dolor.

Yasmin Mogahed

Concluiremos diciendo que aprender a reconocer, a ver y asimilar las bendiciones que nos rodean nos convierte en personas verdaderamente bendecidas. A lo largo de nuestra vida podemos ser heridos por los demás. Sin embargo, no significa que debamos renunciar a la lucha contra la injusticia o a la búsqueda de la verdad.

Aunque no podamos evitar todo el dolor, podemos ajustar nuestras expectativas y enfoques para evitar gran parte de la devastación emocional. Depositar nuestra confianza en Dios, es el asidero más fiable que nunca se rompe, nos protegerá de muchas decepciones innecesarias. Amar de manera adecuada implica colocar a Dios en el centro de nuestros corazones y no permitir que nada ni nadie se anteponga a Él. Este enfoque nos libera del dolor causado por la adoración de cosas temporales y nos permite experimentar un amor más puro y pleno.

En última instancia, recordemos que, a pesar de las heridas y dificultades que podamos sufrir, somos afortunados. Ajustar nuestras expectativas, confiar en Dios y amar de manera adecuada nos ayudará a superar los desafíos y a encontrar la paz en medio de la imperfección de la vida. Al hacerlo, nos convertiremos en personas verdaderamente bendecidas, capaces de encontrar la fortaleza y la esperanza en cualquier situación que enfrentamos.

Preguntas de autorreflexión

♥ ¿Cómo puedes ajustar tu enfoque y tus expectativas para evitar gran parte de la devastación emocional causada por las acciones de los demás?

♥ ¿De qué manera puedes equilibrar la confianza en los demás teniendo en mente que los seres humanos somos falibles? ¿Cómo puedes depositar tu plena confianza en Dios para evitar decepciones innecesarias?

♥ Reflexiona sobre tu relación con el amor y la adoración. ¿Hay algo en tu vida que ocupe un lugar tan importante que podría resultar doloroso si lo perdieras? ¿Cómo puedes mantener un equilibrio saludable y colocar a Dios como tu amor supremo?

VII

¿Cómo mantener el amor y la misericordia en la relación de pareja?

Dios dice:

"Entre Sus signos está haber creado cónyuges de entre vosotros para que encontréis sosiego, y dispuso entre vosotros amor y misericordia. En ello hay signos para quienes reflexionan".

Corán 30:21

REFLEXIÓN

Este versículo expone la *verdadera* realidad que hay detrás de todos los matrimonios y también la solución para salvarlos.

Dios empieza con el concepto básico de **amor**, porque en realidad sólo está presente en la fase inicial de un matrimonio que enciende la relación entre ambos, un estado en donde existe tal atracción e indulgencia mutua que el periodo de tiempo se denomina **periodo de luna de miel** por lo enamorados que están el uno del otro.

En realidad, esto no funciona si queremos describirlo en español. Sin embargo, en árabe tiene mucho más sentido. Verás, el *amor* es algo grande en árabe, con un gran número de palabras que se refieren a distintos tipos, niveles e intensidad de amor. La palabra utilizada en este versículo es مَوَدَّةً *(mawaddah)* no se trata de un *amor* ordinario genérico, sino de uno de los tipos de amor más intensos que se dan cuando el hombre y la mujer se juntan. Implica la pasión y la intimidad que uno se espera al principio de una relación, pero es un amor menor y de nivel inferior a la siguiente categoría, que se conoce como العِشْرَةُ *('ishrah), y la 'ishrah* y el cual sólo se alcanza, como dicen los lingüistas, cuando ha transcurrido un tiempo significativo entre marido y mujer. En términos humanos normales, es lo más profundo que puede llegar a ser el amor entre una pareja. Y la *'ishrah*, por definición, sólo tiene el amor como fase inicial.Esto se debe a que, una vez que el amor inicial empieza a desvanecerse y el agua empieza a secarse, es necesario que entre en acción algo más grande e importante: **LA MISERICORDIA.**

Vamos a poner el ejemplo de un platillo: puede que tengas una receta fabulosa y unos ingredientes frescos preciosos que echas a la olla y todo empieza a cocinarse estupendamente, pero ahora, para que el resultado final sea perfecto, hay que bajar el gas y dejarlo cocer a fuego lento y sin prisa durante las próximas horas. Si dejas el gas demasiado alto se quemará, se quemará todo lo que haya en la olla. Si apagas el gas, no tendrás platillo.

Ponlo a gas lento y obtendrás un resultado perfecto al final. Y sí, ese gas lento es *misericordia*.

Dios nos dice que debemos activar el botón de la misericordia muy rápidamente en un matrimonio. No debemos esperar a que se acabe el amor, pero si alguna vez se acaba, entonces ser misericordiosos -con los errores, las irritaciones, los malos hábitos, la pereza, etc., del otro, que todas las parejas casadas conocen demasiado bien, - será la solución para salvar ese matrimonio.

Por supuesto, esto no es fácil y habrá muchas quejas legítimas, pero la mayoría de las veces se trata de una relación perfectamente buena que simplemente está luchando y necesita tanta misericordia como se pueda lograr. El Profeta Mohammed dijo: *Cuando veas algo que te desagrada, mira lo que te agrada.*

El amor enciende un matrimonio y la misericordia lo sostiene.

Abu Eesa

Esto nos muestra una verdad espiritual profunda sobre el amor y la misericordia en el matrimonio. Aunque el amor inicial es importante y apasionado, puede desvanecerse con el tiempo. Es entonces cuando la misericordia entra en juego como componente vital para mantener y salvar un matrimonio a largo plazo.

La misericordia implica paciencia, compasión y comprensión hacia las imperfecciones y debilidades de la pareja. Es un recordatorio de que todos cometemos errores y tenemos nuestras luchas internas. La misericordia nos ayuda a superar obstáculos y desafíos en la relación, encontrando soluciones y promoviendo el crecimiento mutuo.

El Profeta Mohammed la paz sea con él dijo:

Cuando veas algo que te desagrada, mira lo que te agrada...

Esta actitud de enfoque en lo positivo y en las cualidades admirables de la pareja nos ayuda a cultivar la misericordia y fortalecer nuestro vínculo.

En última instancia, el amor y la misericordia son elementos indispensables para un matrimonio exitoso y duradero. Alimentemos nuestro amor inicial con misericordia, y permitamos que guie nuestros pasos en momentos de dificultas. Así encontraremos la dicha y la realización en nuestro matrimonio, siguiendo el camino trazado por la sabiduría divina.

Preguntas de autorreflexión

♥ ¿Cómo puedes mantener y cultivar activa la misericordia en tu matrimonio, especialmente cuando el amor inicial comienza a disminuir?

♥ ¿Cuál es la importancia de mirar las cualidades admirables de tu pareja cuando enfrentas desafíos y conflictos en la relación?

♥ ¿Cómo puedes equilibrar la expresión de tus quejas legítimas en el matrimonio con la práctica constante de la misericordia hacia tu pareja?

VIII

¿Cómo sanar un corazón adolorido?

Dios dice:

"No os desaniméis ni os entristezcáis…"

Corán 3:139

REFLEXIÓN

"¿Qué le ocurre a un corazón adolorido? ¿Se debilita? ¿O se fortalece?

Después de ejercitar nuestros músculos, sentimos dolor. Y a veces nos sentimos más débiles durante un tiempo. Pero después de ejercitarnos una y otra vez, nos hacemos más fuertes. Más fuertes de lo que habríamos sido si nunca hubiéramos sentido el dolor inicial.

Lo mismo ocurre con el corazón. Cuando nuestro corazón se siente apenado, sin duda es doloroso. Nos sentimos tristes, débiles y, a veces, incluso físicamente cansados.

Si te sientes así, no dejes que te desanime. No desesperes. No te sentirás así para siempre. Aunque no encuentres nada por lo que alegrarte, estate tranquilo/a sabiendo que todos los asuntos de los creyentes son buenos, y seguramente hay algo bueno en tu situación actual, aunque no lo parezca.

El dolor te está haciendo más fuerte. Y cuando finalmente se calme, saldrás como una persona más sólida y un creyente más firme, *insha'Allah*. Más fuerte de lo que serías si nunca hubieras experimentado este dolor.

Cuando te duela el corazón, piensa en ello como un ejercicio para tu corazón. Un ejercicio que te hará más resistente al final. Tranquilízate y recuerda que Dios está contigo.

Así que, para el creyente, *el dolor es la debilidad que abandona el corazón.* Y esa debilidad es sustituida por un tipo de fuerza y un tipo de fe que es más valioso que todos los lujos, facilidades y alegrías que contiene este mundo.

Que Dios alivie nuestras penas, fortalezca nuestros corazones y nos permita salir con éxito de cada situación dolorosa, permitiéndonos estar más cerca de Él de lo que estábamos antes.

A.   Siddiqi

El creyente no debe desanimarse ni entristecerse porque finalmente tendrá éxito. Podrá enfrentar desafíos y pruebas a lo largo de su vida, y siempre recordar que la confianza y fe en Dios son fundamentales.

Debemos mantener viva la esperanza y confiar en que, a pesar de las dificultades, tendremos el éxito.

Es normal sentirnos desalentados en ciertos momentos, pero es preciso recordar que la vida está llena de pruebas y altibajos. No debemos dejarnos llevar por el desánimo y la tristeza, porque somos capaces de superar cualquier obstáculo que se presente en nuestro camino. Debemos mantener nuestra fe en Dios y continuar adelante con determinación.

Así que, no permitamos que el desánimo y la tristeza nos consuman. Mantengamos viva la esperanza y la energía positiva, recordando que el éxito verdadero nos está destinado. Confiemos en Dios, sigamos adelante con valentía, sabiendo que al superar los desafíos seremos recompensado.

Preguntas de autorreflexión

♥ ¿Cómo puedes fortalecer tu corazón cuando te enfrentas a la adversidad y al dolor emocional? ¿Cuáles son las practicas espirituales o herramientas que te ayudarán a encontrar fortaleza y consuelo en tiempos difíciles?

♥ ¿De qué manera las pruebas y el dolor que enfrentas son oportunidades para tu crecimiento espiritual y el fortalecimiento de tu fe?

♥ ¿Cómo puedes cambiar tu perspectiva y encontrar significado en las experiencias dolorosas que estas pasando?

IX

Dios está más cerca de lo que te puedes imaginar

Dios dice:

"Creé al ser humano y sé cuáles son sus debilidades. Estoy más cerca de él que su propia vena yugular".

Corán 50:16

REFLEXIÓN

Cuando los que están más cerca de ti te hagan daño, recurre a Aquel que siempre estuvo más cerca de ti.

En un mundo de más de 7.000 millones de personas, Él nos conoce a cada uno de nosotros mejor de lo que nos conocemos a nosotros mismos. Sabe lo que nos susurran nuestras almas, y conoce lo que yace en las profundidades de nuestro cuerpo y de nuestra alma, aunque ni siquiera nosotros mismos seamos conscientes de ello.

Qué asombroso es nuestro Señor, y qué cercano está. Tómate un momento para tocarte la vena yugular, sentir los latidos de tu corazón y reflexionar sobre lo cerca que está Él.

A.   Siddiqi

Nunca es fácil mantenerse en pie cuando llega la tormenta. En cuanto empieza a llover, los relámpagos no tardan en aparecer. Nubes oscuras sustituyen al sol y lo único que puedes ver son las olas de un océano, antes en calma, rodeándote. Como ya no encuentras el camino, pides ayuda.

Empiezas llamando a la guardia costera. No responden. Vuelves a intentar redirigir la embarcación. Es inútil. Buscas el bote salvavidas. Ha desaparecido. Buscas un chaleco salvavidas. Está roto. Finalmente, después de agotar todos los medios, vuelves la cara hacia arriba.

Y le pides a Dios.

Pero hay algo completamente único en este momento. En ese instante, experimentas algo sobre lo que, de otro modo, sólo podrías teorizar: el verdadero *tawheed*. La Unicidad. Mira, en la orilla, puede que hayas invocado a Dios.

Pero le invocaste junto con muchos otros. Puede que dependieras de Dios. Pero dependías de Él junto con muchos otros. Pero para este momento singular, todo lo demás está cerrado.

Todo. No queda nada a lo que recurrir. No queda nada de lo que depender. Excepto Él.

Y ésa es la cuestión.

¿Te has preguntado por qué cuando más necesitado estás, todas las puertas que buscas de la creación permanecen cerradas? Llamas a una, pero está cerrada de golpe. Entonces vas a otra. También está cerrada. Vas de puerta en puerta, llamando, aporreando cada una, pero nada se abre. E incluso aquellas puertas de las que antes dependías, de repente se cierran. ¿Por qué? ¿Por qué ocurre eso?

Verás, los humanos tenemos ciertas cualidades que Dios conoce bien. Estamos constantemente necesitados. Somos débiles. Pero también somos precipitados e impacientes. Cuando estamos en apuros, nos vemos empujados a buscar ayuda. Y ése es el designio. ¿Por qué íbamos a buscar refugio si hace sol y buen tiempo? ¿Cuándo se busca refugio? Cuando llega la tormenta. Por eso *Al-lah subahanahu wa ta`ala* (exaltado sea Él) envía la tormenta; Él crea la necesidad mediante una situación creada, para que nos veamos impulsados a buscar refugio.

Pero cuando buscamos ayuda, debido a nuestra impaciencia, la buscamos en lo que está cerca y parece fácil. La buscamos en lo que podemos ver, oír y tocar. Buscamos atajos. Buscamos ayuda en la creación, incluso en nosotros mismos. Buscamos ayuda en lo que parece más cercano. ¿Y no es eso exactamente lo que es la *dunya* (vida mundana)? Lo que parece cercano.

La propia palabra *dunya* significa *lo que está más abajo*. Dunya es lo que parece más cercano. Pero sólo es una ilusión.
Hay algo más cercano.

Piensa por un momento en lo que está más cerca de ti. Si te hicieran esta pregunta, muchos dirían que lo más cercano es el corazón y el yo. Pero, Al-lah (swt) dice:

Fuimos Nosotros quienes creamos al hombre, y sabemos qué oscuras sugerencias le hace su nafs (yo): pues estamos más cerca de él que (su) vena yugular (**Corán 50:16**).

En este versículo, Al-lah (swt) comienza mostrándonos que conoce nuestras luchas. Hay consuelo en saber que alguien ve nuestras luchas. Él sabe a qué nos llama nuestro propio yo. Pero Él está más cerca. Está más cerca que nuestro propio yo y lo que éste nos pide. Está más cerca que nuestra yugular. ¿Y por qué la yugular? ¿Qué tiene de sorprendente esta parte de nosotros? La yugular es la vena más importante que lleva sangre al corazón. Si se corta, morimos casi inmediatamente. Es, literalmente, nuestra línea vital. Pero Al-lah (swt) está más cerca. Al-lah (swt) está más cerca que nuestra propia vida, que nuestro propio Yo, que nuestro propio *nafs*. Y Él está más cerca que el camino más importante hacia nuestro corazón.

En otro versículo, Al-lah (swt) dice:

¡Oh creyentes! responded a Al-lah y a Su Enviado cuando os llame a lo que os dará la vida; y sabed que Al-lah se interpone entre el hombre y su corazón, y que es a Él a Quien (todos) seréis reunidos (**Corán 8:24**).

Al-lah (swt) sabe que tenemos un *nafs*. Al-lah sabe que tenemos un corazón. Al-lah sabe que estas cosas nos impulsan.

Pero Al-lah nos dice que Él está más cerca de nosotros que ellas. Por eso, cuando buscamos algo que no sea Él, no sólo buscamos lo que es más débil, sino lo que está más cerca, lo que está más lejos y más distante. *Subhan Al-lah* (Gloria a Dios).

Así pues, puesto que ésta es nuestra naturaleza, como Al-lah (swt) sabe mejor que nadie, Él nos protege y redirige manteniendo cerradas todas las demás puertas de refugio durante la tormenta. Él sabe que detrás de cada puerta falsa hay una gota. Y si entramos en ella, caeremos. En Su misericordia, Él mantiene cerradas esas puertas falsas.

En Su misericordia, envió la propia tormenta para que buscáramos ayuda. Y luego, sabiendo que nos equivoquemos de respuesta, nos da un examen con una sola opción para elegir la respuesta correcta. La propia dificultad es la facilidad. Al quitarnos todos los demás asideros, todas las demás opciones de elección múltiple, Él ha hecho que la puesta a prueba sea sencilla.

Nunca es fácil resistir cuando llega la tormenta. Y ése es exactamente el objetivo. Al enviar el viento, Él nos pone de rodillas: la posición perfecta para rezar. Y luego para levantarnos.

Reclaim Your Heart, Yasmin Mogahed

Preguntas de autorreflexión

♥ ¿Cómo puedes recordar la cercanía de Dios cuando las personas cercanas a ti te hacen daño?

♥ ¿Qué significa confiar en la cercanía y el conocimiento profundo de Dios en momentos de dolor, sufrimiento y soledad?

♥ ¿Cómo podemos buscar consuelo y sanación en Dios cuando nos encontramos en el centro de la tormenta?

X

¿Cómo puedo soportar la carga que llevo dentro?

Dios dice:

"Dios no exige a nadie por encima de sus posibilidades, a su favor tendrá el bien que haga, y en su contra tendrá el mal que haga".

Corán 2:286

REFLEXIÓN

Puede que Dios te ponga a prueba con la pérdida, pero a otros los pone a prueba con la riqueza. Quizá te bendiga dándote, y bendiga a otros quitándoles. Puede que retrase algo para ti y lo acelere para otras personas. Puede que a ti te lleve años conseguir algo que deseas -sangre, sudor y lágrimas- y para otra persona no requiera ningún esfuerzo. Pero si supieras todo lo que Dios sabe, comprenderías que Su decreto es justicia y misericordia supremas que son específicas para ti y tu circunstancia. De hecho, por eso Dios nos dice:

> Dios no exige a un alma más que [lo que está dentro de] su capacidad. (**Corán, 2:286**)

Recuerda que Dios es *al-Muqsiṭ* (el Equitativo). La puesta a prueba por la que estés pasando o las bendiciones que recibas, algún día tendrán sentido. Nuestra responsabilidad individual es pensar bien de Dios y trabajar con lo que tenemos. Trabaja en tu relación con Él, ya sea en la facilidad o en la adversidad.

J Yousef

El Dr. Raymond Brock Murray, psicólogo y consejero, dijo que en sus sesiones algo que oye mucho de sus clientes es su incapacidad para resolver este versículo, sintiendo que no hay forma de que puedan soportar lo que están viviendo.

Su respuesta: *Dios no miente. Pero lo que sientes tampoco es mentira.*

Entonces, ¿puede ser que no estés hecho para soportar esto solo?
Dios te da las herramientas para soportar lo que te agobia, y las herramientas pueden ser las personas que te rodean. Déjalas entrar a tu vida.

Ammar Al-Shukry

En momentos de pérdida y pruebas, es natural cuestiona la capacidad para sobrellevar la situación. Nos preguntamos si somos lo suficientemente fuertes, si podemos soportar la carga que se nos ha impuesto. Sin embargo, es importante recordar que Dios no nos pide más de lo que podemos soportar. **Él conoce nuestras capacidades y limitaciones mejor que nosotros mismos.**

Podemos ver a otros disfrutar de bendiciones y riquezas, mientras nosotros enfrentamos demoras y dificultades para alcanzar nuestros objetivos. Podemos sentirnos desanimados y pensar que no somos merecedores de las mismas oportunidades. Sin embargo, si pudiéramos comprender el gran conocimiento de Dios y Su vasta sabiduría, nos daríamos cuenta de que Su decreto es justo y Misericordioso.

A veces, es fácil caer en la trampa del aislamiento y creer que debemos enfrentar nuestros desafíos solos. Pero debemos recordar que Dios ha colocado a personas a nuestro alrededor para apoyarnos y ser una fuente de fortaleza en tiempos difíciles. Debemos abrirnos a quienes nos rodean y permitirles entrar en nuestras vidas.

En última instancia, nuestra responsabilidad individual es trabajar en nuestra relación con Dios, tanto en momentos de adversidad como en momentos de facilidad. Debemos confiar en Su equidad y buscar Su guía para enfrentar las pruebas de la vida. A través de la confianza en Él y la conexión con las personas que nos rodean, encontraremos la fortaleza necesaria para superar cualquier desafío que se presente en nuestro camino.

Cuando te sientas abrumado por las pruebas, confía en que Dios te ha dado las herramientas y el apoyo necesario para soportar lo que te agobia. Abre tu corazón a aquellos que te rodean y busca fortalecer tu relación con Él.

En Su sabiduría y misericordia, encontrarás consuelo y fuerza para enfrentar cualquier adversidad en tu camino.

Preguntas de autorreflexión

♥ ¿Cómo puedes fortalecer tu relación con Dios en momentos de dificultad y adversidad?

♥ ¿Qué apoyo y herramientas tienes a tu disposición para sobrellevar las pruebas que enfrentas en la vida?

♥ ¿Cómo puedes abrir tu corazón y permitir que las personas que te rodean te brinden apoyo y fortaleza en tiempos de dificultad?

XI

¿Cómo superar las pruebas de la vida con paciencia y confianza?

Dios dice:

"Los pondremos a prueba con algo de temor, hambre, pérdida de bienes materiales, vidas y frutos, pero albricia a los pacientes".

Corán 2:155

REFLEXIÓN

Cada persona tiene que experimentar ocho cosas, sea quien sea.
- ✓ Felicidad y Tristeza
- ✓ Encuentro y Separación
- ✓ Dificultad y Facilidad
- ✓ Enfermedad y Bienestar

Así que no te asombres ni te sorprendas cuando pases de la felicidad a la tristeza, del bienestar a la enfermedad, de la facilidad a la dificultad y del encuentro a la separación.

Abu Bakr Zoud

El Profeta la paz sea con él dijo:

No hay fatiga, enfermedad, ansiedad, pena, daño o tristeza que aflija a ningún musulmán, ni hasta el punto de que se le clave una espina, sin que Dios borre con ello sus pecados.

Sahîh al-Bujârî y Sahîh Muslim

Estad seguros de que os pondremos a prueba con algo de miedo y hambre, con alguna pérdida en bienes, vidas y frutos (de vuestro trabajo), pero daremos buenas nuevas a quienes perseveren pacientemente. Aquellos que, cuando les golpee la desgracia, digan: 'Ciertamente pertenecemos a Al-lah y a Él es nuestro retorno'. Ésos son aquellos sobre los que recaen las bendiciones y la misericordia de su Señor y ésos son los que están rectamente guiados.

Sûrah Al-Baqarah 2: Versículo 155

Oh Señor mantennos firmes y fuertes en nuestra fe durante nuestras pruebas, y haz que las pruebas sean un medio para limpiar nuestros pecados y mantenernos humildes y sinceros.

De la perfección del ihsan de Dios es que permite que Su siervo pruebe la amargura de la ruptura antes que la dulzura de la reparación. Así pues, Él no rompe a su siervo creyente si no es para repararlo. Y no le niega nada, salvo para dárselo. Y no le pone a prueba (con dificultades), salvo para curarle.

Ibn Qayyim Al-Jawziyyah

Jannete Elgohary

Preguntas de autorreflexión

♥ ¿Cómo puedes encontrar fuerza en medio de los altibajos de la vida, sabiendo que cada experiencia te moldea y te lleva hacia un crecimiento espiritual?

♥ ¿Cómo puedes abrazar las pruebas como oportunidades para purificar tu corazón, confiando en que Dios borra los pecados con cada dificultad que enfrentas?

♥ ¿Cómo puedes recordar en los momentos de dificultad que tu confianza en Dios y tu pertenencia a Él son el camino hacia las bendiciones en tu vida?

XII

¿Quién consuela el corazón roto de una madre?

Dios dice

"Inspiré a la madre de Moisés: Amamántalo, y cuando temas por él déjalo [en un cesto de mimbre] en el río. No temas ni te entristezcas, porque te lo devolveré y haré de él un Mensajero".

Corán 28:7

REFLEXIÓN

Podemos imaginar el corazón estremecido de la madre de Moisés y a Dios consolando a la madre, cogiendo a su bebé y metiéndolo en la tabla.

Luego ocurre que Dios rescata a Moisés, salvándolo de una situación muy vulnerable; un bebé en medio del agua del rio, podría ahogarse fácilmente, podría ser secuestrado fácilmente. A Moisés podrían ocurrirle tantas cosas.

Dios no sólo aleja a Moisés de cualquier daño o dificultad, sino que consuela el corazón de la madre de Moisés permitiéndole volver a ver a su bebé.

Entonces, ¿quién es el que responde a la llamada? ¿Quién es el que oye nuestros secretos más profundos? ¿Quién es el que ve nuestra vulnerabilidad más profunda en nuestros momentos más oscuros?

Dios responde a esas súplicas en esos momentos. Dios nos hace milagros en esos momentos.

Puedes ver la conexión entre la *surah* anterior y esta. Dios está mostrando todo su poder.

La visualización es muy poderosa. Moisés es un bebé puesto en este pequeño trozo de tierra, este pequeño fragmento, y luego puesto en el agua donde no tiene forma de protegerse, pero Dios le salva y le rescata.

El Faraón fue un hombre poderoso con un ejército y Dios lo ahogó.

Dios está demostrando que Él es realmente Quien está al mando en todo momento.

Omar Sulayman

Renuncia a la falsa seguridad. Dios inspiró a la madre de Moisés que, si temía por Moisés, lo dejara marchar arrojándolo al río. Y Dios le dice que no se aflija ni tema, prometiéndole que se lo devolverá y que hará de Moisés un mensajero. Nuestra inclinación cuando tememos por alguien o por algo es agarrarnos fuerte, escudarnos, aislarnos. Aquí Dios nos está diciendo que soltemos. Que nos llevará no sólo a un lugar seguro y estable, sino al río, ese lugar de peligro e incertidumbre, y a las manos del Faraón, a esa misma persona a la que se le teme.

La madre de Moisés tuvo que suspender toda confianza en la seguridad material y depositarla enteramente en Dios. Sólo al dejarse llevar pudo protegerse. Fue en la marea incontrolable del río donde el bebé estuvo a salvo. Y sólo en los brazos de sus enemigos evitó una muerte segura.

Así que cortemos los hilos de nuestros apegos emocionales aprisionadores y pregúntenos hacia dónde quiere Dios llevarnos en busca de refugio. Puede ser en la frágil cesta de Moisés en el río, en la desvencijada arca de Noé en el diluvio... ahí donde el ego temeroso se siente menos seguro, es donde debemos ir.

A la madre de Moisés se le dice literalmente que *arroje* a Moisés al río, no que lo coloque con cuidado. Así que ve al santuario de Dios y no te sueltes lentamente... lánzate a este lugar de confianza, a Su abrazo.

Dalia Mogahed

La historia de Moisés y su madre contiene valiosas lecciones que podemos aplicar en la vida de diaria de cada madre.

1   Confianza en la guía de Dios.
2   Renuncia a la preocupación y el temor excesivo.
3   Aceptar la incertidumbre y confiar en los planes de Dios.
4   Reconocimiento de la protección y la provisión del Todopoderoso.

En resumen, la historia de Moisés y su madre nos enseña a confiar en la guía de Dios, a renunciar al temor y la preocupación excesiva, a aceptar la incertidumbre y confiar en Sus planes, reconociendo que la protección y la provisión vienen de Dios. Estas lecciones pueden ser aplicadas por todas las madres en su día a día, brindándoles fortaleza, esperanza y confianza en su rol como cuidadoras y educadoras de sus hijos.

Preguntas de autorreflexión

♥ ¿Cómo puedes aplicar la enseñanza de confiar en la guía de Dios en tu papel como madre y en tu vida diaria?

♥ ¿Cuáles son los temores y preocupaciones que te impiden soltar y confiar plenamente en la protección de Dios? ¿Cómo puedes trabajar en superarlos y entregar tus preocupaciones a Dios?

♥ ¿En qué aspectos de tu vida aceptarías la incertidumbre y confiar en los planes de Dios? ¿Crees que esto le puede afectar a tu nivel de confianza y paz?

XIII

La promesa de Dios es verdadera, siempre se cumple

Dios dice

"Así se lo devolví a su madre para consuelo de sus ojos, para que no se entristeciera y supiera que la promesa de Dios siempre se cumple, aunque la mayoría [de la gente] lo ignore".

Corán 28:13

REFLEXIÓN

Dios, el Creador y Sustentador, se preocupa por el corazón de las mujeres y lo destaca en la revelación divina para todos los tiempos y para toda la humanidad.

El Corán nos muestra cómo Dios, en Su Compasión y Amor Infinitos, consuela a las mujeres afligidas y tranquiliza su corazón.

Así que, aunque los demás no comprendan ni entiendan, debes saber que tu corazón es precioso para *Al-Wadood*, El Todo Amor.

Tu tristeza, tu dolor, tu lucha le importan a Él.

Dios ve, oye y sabe. A Él le importa que tu corazón esté tranquilo.

Así que lleva tu corazón a Dios, con todo lo que hay en él, y deja que Él lo cure con Su Gracia.

Y confía sin duda en que, cuando invoques al Reparador de Corazones, Su Gracia y Generosidad se manifestarán de formas que ni siquiera te esperabas.

R. Hamdi

Dios desea para nosotros la guía, la perseverancia, la firmeza y la fe que nos conducirán a la felicidad eterna en el paraíso.
Pero, del mismo modo, Él quiere que seamos felices y estemos contentos en este mundo, siempre que dicha felicidad no comprometa la eterna.
Muchas veces, los musulmanes olvidan o descartan esta dimensión mundana, y el resultado: asociar el islam y la fe con la melancolía, el desapego de la vida mundana, la miseria, etc.

En el sura *Qasas*, Dios se centró en la madre de Musa, en su bienestar emocional y en su felicidad, narra cómo el bebé regresó con su madre por múltiples razones:

(1) Ante todo: para ser un consuelo para ella y un frescor para sus ojos.
(2) Después: para disipar la pena, la tristeza y los sentimientos negativos.
(3) Por último, para afirmar su convicción, fe y confiar en la promesa de Al-lah.

Oh tú que has perdido a un ser querido,
Oh tú que vives lejos de tu familia,
Oh tú que vives con un enorme vacío en tu corazón desde hace años,

Sé feliz, mantente positivo, busca la plenitud espiritual a la sombra del libro de Dios, porque esto es lo que Dios quiere realmente para ti, tanto en LA OTRA VIDA COMO en esta vida. [20:2]

En cambio, el demonio quiere que te deprimas, que estés triste, que pierdas la esperanza. Sus tentaciones y seducciones nunca están pensadas para tu felicidad a largo plazo, sino que son a corto plazo y temporales.

Muhannad Hakeem

Dios consuela y tranquiliza el corazón de la madre de Moisés al devolverle a su hijo. Esta historia nos enseña que Dios es consciente de nuestras preocupaciones y tristezas, en su enorme bondad y misericordia está dispuesto a brindarnos consuelo y esperanza.

Por lo tanto, recordemos en momentos de dificultad que Dios está con nosotros, consolándonos y guiándonos. No importa cuán abrumadoras parezcan nuestras circunstancias, podemos encontrar consuelo en saber que la promesa de Dios siempre se cumple, incluso cuando el mundo a nuestro alrededor quiera ignorarlo.

Que esta historia nos inspire a confiar en Dios, a dejar ir nuestras preocupaciones y a encontrar consuelo en Su amor y cuidado constante.

Preguntas de autorreflexión

♥ ¿Cómo aplicarías el mensaje de confianza en la promesa de Dios en tu propia vida? ¿Qué cambios podrías hacer en tu perspectiva y actitud para confiar más en Su guía?

♥ ¿Qué significado tiene para ti el hecho de que Dios consuele y tranquilice nuestros corazones en momentos de tristeza y dificultad?

♥ ¿Cómo buscarías consuelo y confianza en Su amor en tus luchas emocionales?

XIV

¿Cómo tener el alma en paz?

Dios dice

"¡Oh, alma que estás en paz con tu Señor!
Vuelve a la vera de tu Señor complacida, porque Dios está complacido contigo,
y únete a Mis siervos piadosos entrando a Mi Paraíso".

Corán 89:27-30

REFLEXIÓN

Me imagino a punto de entrar en Su Paraíso, y una voz que me llama

Eso es todo lo que quiero, todas estas puestas a prueba de la vida, todas se han ido con esta llamada.

• No más cuestionamientos sobre mi sinceridad, no más sufrimiento mental ni físico,

• No más preocuparme por la autoestima, ni intentar ser aceptado o ser validado.

• No más luchar para alejarme del mal y tratar de ser bueno, porque todo lo que hay, es bueno.

Ya no hay maldad en mi corazón, ya no hay susurros, No hay ego que me arrastre a mis maldades.

• No más enfermedades del corazón, todas curadas.

• No más ser desagradecido por mis pruebas fáciles mientras mis hermanos y hermanas pasan por cosas mucho peores y son mucho más agradecidos.

Saliendo adelante

No por mí mismo, sino gracias a Su Misericordia.

Sajid

Tú, alma en paz se dirige al alma que en la vida de este mundo, encontró paz y tranquilidad en el recuerdo de Dios. En el Día del Juicio, esta alma encuentra ahora paz y tranquilidad en Su Decreto: *Vuelve a tu Señor complacido y complaciente; entra entre Mis siervos y en Mi Jardín.*

A esta alma se le dice que vuelva a Dios y no sólo estará complacida con su recompensa, sino que Dios estará complacido con ella. A esta alma se le dice que entre en las filas de los siervos nobles y obedientes de Dios, y que entre en el jardín del Paraíso que Él los ha preparado personalmente.

SubhanAl-lah, que Dios nos haga de estas bellas almas que encuentran paz y tranquilidad en Su recuerdo. El Profeta ﷺ nos enseñó una hermosa *dua* en la que pedimos a Allah que nos ayude a recordarle,

عِبَادَتِكَ وَحُسْنِ وَشُكْرِكَ ذِكْرِكَ عَلَى أَعِنِّي اللّهُمَّ

Oh Al-lah ayúdame a recordarte, a serte agradecido y a adorarte de la mejor manera.
(Sunan Abi Dawud)

Abdul Nasir Jangda

Imagínate estar en el umbral del Paraíso, ese lugar de plenitud y felicidad eterna, y escuchar una voz llamándote:

¡Oh, alma que estás en paz con tu Señor!
Vuelve a la vera de tu Señor complacida, porque Dios está complacido contigo, y únete a Mis siervos piadosos entrando a Mi Paraíso.

En un momento de cumplimiento absoluto, donde todos tus anhelos y deseos más profundos encuentran su realización. En ese instante, todas las pruebas y dificultades de la vida se desvanecen, dejando espacio únicamente para la dicha y paz en el Paraíso con El Rey de Reyes, Al-lah.

Ya no hay necesidad de cuestionar tu sinceridad ni de sufrir mental o físicamente.

Todas las preocupaciones sobre la aceptación de los demás y la validación externa desaparecen. Ya no tienes que luchar por alejarte del mal y esforzarte por ser bueno, porque en ese lugar solo existe la bondad en su máxima expresión. No hay ni rastro de maldad en tu corazón, ningún susurro te arrastra hacia caminos equivocados. Tu corazón está completamente sano y libre de cualquier enfermedad espiritual.

Además, no experimentamos ningún sentimiento de ingratitud al comparar nuestras pruebas con las de los demás, por ello, debemos reconocer que cada uno de nosotros tiene su propio camino y desafíos, por lo cual debemos seguir siendo agradecidos por las bendiciones otorgadas.

Este avance hacia el Paraíso no es producto de nuestros propios méritos, sino de la infinita Misericordia de Dios. Él nos llama para que vuelvas a Él, y en ese regreso, encontraremos una plenitud que va más allá de cualquier comprensión terrenal. Dios se regocija con nosotros al recibirnos, y nos invita a unirnos a la comunidad de siervos rectos y piadosos que disfrutan de Su compañía y se sumergen en la belleza del Paraíso

Recuerda que esta invitación es un recordatorio de que nuestras acciones y decisiones tienen un propósito mayor: alcanzar la paz y la felicidad eterna junto a nuestro Creador.

Que esta reflexión nos inspire a buscar esa serenidad del alma y a vivir de acuerdo con los principios divinos, sabiendo que, al final del camino, nos espera el Paraíso prometido.

Preguntas de autorreflexión

♥ ¿Cómo cambia tu perspectiva sobre las pruebas y dificultades de la vida al imaginar el cumplimiento de todos tus anhelos en el Paraíso junto con Dios?

♥ ¿En qué aspectos de tu vida aun te encuentras luchando por la aceptación de los demás o buscando validación externa?

♥ ¿Cuál es tu entendimiento sobre la misericordia de Dios y cómo influye en tu camino hacia el Paraíso?

XV

¿Cuándo seré realmente feliz?

Dios dice

"¡Oh, ser humano! Haz de comparecer ante tu Señor y ver el resultado de tus obras.
Quien reciba el registro de sus obras en su mano derecha
tendrá un juicio fácil,
y se reunirá jubiloso con su gente [en el Paraíso]".

Corán 84:6-9

REFLEXIÓN

Cada día estoy más cerca de nuestro Encuentro.
Siento que llevo mil años recorriendo
este camino hacia Ti...
y, sin embargo, aún no he llegado.

Tan cerca y tan lejos todavía
pero sigo caminando
a pesar de las lágrimas
a pesar del viento
a pesar de las rodillas despellejadas y los huesos rotos,
a pesar de los moretones y las cicatrices que hacen de este
corazón lo que es hoy,
sigo caminando hacia Ti.

Sólo hay una dirección,
una sola dirección:
hacia Ti.
De Ti, hacia Ti.

No tengo nada más.
Nada.
Ésa es mi pobreza.

Sigo caminando
porque detrás de cada ocaso hay un amanecer,
Detrás de cada tormenta hay un Refugio,
Detrás de cada caída hay un levantamiento,
Detrás de cada lágrima hay una purificación de la mirada

En cada lugar donde te han apuñalado, hay una curación,
y la creación de una piel más fuerte de lo que era.

Sigo caminando
Porque, lo juro,
no tengo nada más que Tu misericordia.

No tengo nada más que Tu promesa
Tus palabras
Tu promesa que:

Oh humanidad, es cierto que siempre te esfuerzas hacia tu Señor - esforzándote penosamente-, pero te encontrarás con Él. (84:6)

Es difícil describir la sensación. Imagina que vives toda tu vida en una cueva y crees que ése es todo tu mundo. De repente, sales al exterior. Por primera vez en tu vida, ves el cielo. Ves los árboles, los pájaros y el sol. Por primera vez en tu vida, te das cuenta de que el mundo que conocías era falso. Por primera vez, descubres una Realidad más Verdadera y más bella. Imagina el éxtasis de esa realización. Por un momento, sientes que puedes hacer cualquier cosa. De repente, nada de tu vida anterior en la cueva importa. Por primera vez te sientes fortalecido, totalmente despierto, totalmente vivo, totalmente consciente. Es una sensación inexplicable. Es el éxtasis espiritual que acompaña a la Verdad recién descubierta.

Esto es el Despertar.

Un converso al Islam conoce esta sensación. Un musulmán de nacimiento que vuelve al camino de Dios conoce esta sensación. Cualquier ser humano que vive su vida alejada de Dios y regresa, conoce esta sensación. Este estado es lo que Ibn ul Qayyim llama "*yaqatha* (**despertar**) en su libro *Madarij Al Salikeen* (Estaciones en el camino hacia Dios). Describe este estado como la primera estación en el camino hacia Dios.

Es el estado que a veces se denomina *celo del converso*. Cuando una persona se convierte por primera vez o empieza a volver a Dios, suele estar llena de una motivación y una energía que los demás no tienen. La razón de esta energía es el éxtasis espiritual.

Una vez pasado el éxtasis espiritual

La parte más importante de este viaje es no rendirse nunca. Debes saber que no sientes el mismo entusiasmo, no porque hayas fracasado en algo. ¡El bajón que sigue al subidón es una parte natural del camino! Tal como el Profeta Mohammed explicó a Abu Bakr, estos altibajos forman parte del camino. Y si hubiéramos permanecido siempre en lo alto, no seríamos humanos. ¡Seríamos ángeles! El aspecto determinante para el éxito no es tanto lo que hacemos cuando estamos arriba. La cuestión es qué hacemos cuando estamos abajo, cuando no nos sentimos bien. La clave para tener éxito en este camino es que, una vez que llegas a tu *bajón*, sigas adelante, sabiendo que es normal.

Las trampas de Satanás

Recuerda que Satanás te atacará de distintas formas, dependiendo de tu estado.
Cuando estés elevado, intentará atraparte haciéndote arrogante. Intentará llegar a ti haciendo que menosprecies a los demás. Intentará conseguirte finalmente estando tan satisfecho contigo mismo que no creas que necesitas seguir esforzándote porque ya eres tan grande (y mejor que los demás a tu alrededor). Te hará fijarte constantemente en los que parecen hacer menos que tú para justificar tus propias deficiencias.

Por ejemplo, si no llevas velo, te hará pensar: "¡Hay musulmanas que hacen x, y, z cosas malas! ¡Al menos yo no hago esas cosas! Yo hago x, y, ¡z cosas buenas que ellas no hacen!".

O si flojeas en la oración, puedes pensar: "Al menos no voy de discotecas ni bebo como fulano de tal". Recuerda que Dios no califica según una curva. Da igual lo que hagan los demás. Todos estamos solos en el Día del Juicio. Y esto no es más que una herramienta de Satanás para que dejemos de esforzarnos.

Cuando estés bajo, Satanás intentará llegar a ti de otro modo; desesperándote. Intentará hacerte creer que no vales nada y que no tiene sentido esforzarse. Intentará hacerte creer que eres un fracasado y que, hagas lo que hagas, nunca volverás a estar como antes. O puede intentar hacerte creer que eres demasiado *malo* para que Dios te perdone. Como resultado, puede que te dejes caer aún más. Puede que te hayas levantado una vez, y luego te hayas sentido tan mal contigo mismo porque empezaste a aflojar en tu adoración. Y tal vez, debido a tu anterior arrogancia, no diste permiso a la gente para cometer errores o ser débil. Esto acaba convirtiéndose en autodestructivo porque se traduce además en no darte a ti mismo *permiso* para cometer errores y ser débil.

Como crees que no tienes permiso para ser humano y falible, cuando cometes un error, eres tan duro contigo mismo que pierdes la esperanza. Así que te dejas llevar. Puedes acabar cometiendo más pecados, ¡lo que sólo empeora tu desesperanza! Y se convierte en un círculo vicioso que se auto perpetua. Satanás intentará hacerte creer que no debes intentar arrepentirte ni rezar porque serías un hipócrita, ya que eres una persona *mala*. Quiere que desesperes en la misericordia de Dios. ¡Eso es lo que quiere! Todo esto son mentiras, por supuesto. Pero es bueno en lo que hace, después de todo. Cuando has pecado, es cuando necesitas recurrir a Dios aún más, ¡no menos!

Para protegerte de esta espiral descendente, recuerda que los bajones forman parte del camino. Recuerda que el bajón forma parte del ser humano. Una vez que te des cuenta de esto no significa que hayas fracasado o que seas un hipócrita (como pensaba Abu Bakr), podrás evitar rendirte una vez que llegues allí. La clave está en desarrollar ciertos hábitos que se conviertan en tu *mínimo indispensable*. Eso significa que no importa cómo te sientas, lo desmotivado que estés, lo bajo que estés, sigues haciendo estas cosas como mínimo. Te das cuenta de que cuando estés en tu punto más bajo, será más difícil, pero luchas por seguir haciéndolas. Por ejemplo, lo mínimo son las cinco oraciones diarias a sus horas señaladas. Esto no debe comprometerse **nunca**, por mucho que *no lo sientas*. Deben considerarse como respirar aire. Imagina lo que ocurriría si cada vez que estuvieras agotado o de mal humor decidieras no respirar.

Es preferible tener otros rituales que formen parte del *mínimo indispensable*. Por ejemplo, cumple ciertas oraciones adicionales y la reflexión o Corán diario, aunque sea poco. Recuerda que Dios ama más una pequeña acción **consistente** que una gran acción inconsistente.

Si te aferras a ciertas cosas esenciales durante tu *bajón*, te subirás a la ola de la fe y volverás a subir, *inshaAl-lah*. Y, si Dios quiere, cuando vuelvas a subir, estarás en un lugar más alto que tu último *subidón*.

Has de saber que el camino hacia Dios no es llano. Tu fe subirá y bajará. Tu capacidad de adoración subirá y bajará. Pero debes saber que por cada bajada hay una subida. Ten paciencia, sé constante, no pierdas la esperanza y busca ayuda en Dios. El camino es duro. El camino tendrá baches y caídas. Pero, como todas las cosas en esta vida, este camino llegará a su fin. Y ese final hará que todo el esfuerzo valga la pena.

Yasmir Mogahed

♥ Conclusión:

En el viaje espiritual de explorar la Sabiduría del Corán y sus profundas enseñanzas, nos encontramos inmersos en una odisea que nos acerca al Creador, revela la razón de nuestra existencia y nos guía hacia la plenitud y la paz interior.

Al reflexionar sobre los versículos del Sagrado Corán, descubrimos verdades eternas que trascienden las complejidades de la vida, ofreciéndonos consuelo en los momentos de angustia y guiándonos hacia una comprensión más profunda de nuestro propósito en la vida.

Este libro, "Sabiduría del Corán: Reflexiones para sanar el corazón", es algo más que una colección de versículos; es un camino hacia la fortaleza espiritual, una fuente de orientación y un compañero en nuestro viaje hacia el autodescubrimiento. A través de sus páginas, hemos ahondado en las profundidades de nuestra relación con Dios, hemos examinado la naturaleza de nuestros corazones y nos hemos embarcado en la búsqueda de esa conversación especial que nuestras almas anhelan.

Hemos aprendido que el Corán no es un mero texto para leer, sino una invitación divina a meditar, reflexionar y entablar una conversación transformadora con Dios. A través de la oración, hemos sido testigos de la íntima conexión entre nuestra súplica y la ilimitada misericordia de Dios, dándonos cuenta de que cada palabra pronunciada es reconocida, recibida y respondida por el Más Compasivo y el Más Misericordioso.

Al concluir este libro, llevemos adelante los conocimientos adquiridos y las lecciones aprendidas.

Esforcémonos por mantener una conexión inquebrantable con nuestro Creador, entablando conversaciones sinceras mediante la oración y buscando la paz en Sus palabras. Que las enseñanzas del Corán sigan iluminando nuestro camino, guiándonos hacia una vida llena de propósito y nutriendo nuestras almas con gratitud y compasión.

Que este viaje de reflexión y de autodescubrimiento sea un recordatorio constante de que no estamos solos, de que Dios siempre está con nosotros y de que, a través de la Sabiduría de Sus Palabras, podemos encontrar la curación, la orientación y la paz interior que buscan nuestras almas.

♥ Pasos para la acción:

1. Súplica y oración regulares: Establece una rutina de súplicas constante, centrándote no sólo en las oraciones obligatorias, sino también en momentos adicionales de "Dua". Cultiva una sensación de conexión e intimidad con Dios a través de tu conversación especial en tus cinco oraciones diarias.

2. Adopta la Reflexión Profunda: Involúcrate continuamente en la práctica de la reflexión profunda, mientras lees y estudias el libro de Dios. Acércate a sus versículos con una mente abierta y un corazón observador, tratando de descubrir la profunda sabiduría que encierra.

3. Aprendizaje continuo: Nunca dejes de buscar el conocimiento y la comprensión del Corán. Apúntate a clases, asiste a conferencias y participa en conversaciones que profundicen tu comprensión del mensaje. Deja que tu viaje de aprendizaje sea continuo y enriquecedor.

4.   Aplicación en la vida cotidiana: Aplica las enseñanzas en tu vida cotidiana. Reflexiona sobre cómo las lecciones aprendidas del Corán pueden influir en tus acciones, pensamientos e interacciones con los demás. Esfuérzate por incorporar los principios y valores que destaca el Corán.

5.   Reflexión y autoayuda: Tómate regularmente momentos de soledad para reflexionar sobre tu viaje espiritual, tu conexión con Dios y los progresos que has hecho. Utiliza estos momentos para la autorreflexión, el cuidado de ti mismo y el rejuvenecimiento de tu alma.

6.   Difunde Compasión y Misericordia: Infunde en tus interacciones con los demás la compasión y la misericordia que ejemplifican los ejemplos del Corán. Muestra bondad, comprensión y apoyo a quienes te rodean, personificando los principios de la empatía y el amor.

7.   Gratitud constante: Desarrolla una práctica de gratitud por las bendiciones de tu vida. Expresa regularmente tu agradecimiento a Dios por Su guía, Su misericordia y las oportunidades de profundizar en tu conexión espiritual.

8.   Busca Guía en los Desafíos: Siempre que te enfrentes a incertidumbres o desafíos, recurre a la palabra de Dios en busca de guía. Permite que sus versículos te proporcionen dirección, consuelo y fortaleza en los momentos difíciles.

9.   Compromiso con la comunidad: Comparte las ideas y reflexiones que has obtenido de este libro con tu comunidad, participa en círculos de estudio, talleres y conversaciones que permitan que otros se beneficien.

10.   Continuar el Estudio: Continúa tu viaje de crecimiento espiritual siguiendo la serie de "Sabiduría del Corán", explorarás otros aspectos del Corán, sus enseñanzas y su aplicación. Este libro es sólo el primer volumen de las muchas series que vendrán con la VOLUNTAD DE DIOS para explorar y reflexionar en las profundidades de la sabiduría divina.

Recuerda, este viaje es una búsqueda de por vida, y cada paso que das te acerca más a Dios y a la serenidad que anhela tu alma. Que tu camino esté iluminado por la luz del Corán, y que encuentres propósito, plenitud y abundantes bendiciones en este viaje sagrado.

Made in the USA
Middletown, DE
10 October 2023